Yon Liv Crabtree Rasin

Zannimo Pak Yo
KABRIT

AMY CULLIFORD
JEAN-PIERRE GASTON

CRABTREE
Publishing Company
www.crabtreebooks.com

Sipò Lekòl A Kay Pou Moun Kap Bay Swen Ak Pwofesè Yo

Liv sa a ede timoun yo grandi lespri yo nan kite yo pratike lekti. Men kèk kesyon kap ede lektè a bati konpreyansyon konpetans yo. Epons posib yo parèt an wouj.

Anvan Lekti:

- De kisa mwen panse liv sa ap pale?
    - *Liv sa a se sou kabrit.*
    - *Liv sa a se sou kabrit ki viv nan pak yo.*

- Kisa mwen vle aprann sou sijè sa?
    - *Mwen vle aprann ki sa kabrit manje.*
    - *Mwen vle aprann ki koulè yon kabrit ka ye.*

Pandan Lekti:

- Mwen mande poukisa...
    - *Mwen mande poukisa kabrit renmen manje zèb.*
    - *Mwen mande poukisa kabrit renmen sote.*

- Kisa mwen te aprann jiskaprezan?
    - *Mwen te aprann ke kabrit ka gen koulè diferan.*
    - *Mwen te aprann ke gen kabrit ki fè lèt.*

Aprè Lekti:

- Ki detay mwen te aprann sou sijè sa?
    - *Mwen te aprann ke kabrit ka koulè blan oswa mawon.*
    - *Mwen aprann ke kabrit renmen manje zèb.*

- Li liv la ankò epi chèche mo vokabilè yo.
    - *Mwen wè mo* ***zèb*** *nan paj 8 ak mo* ***lèt*** *nan paj 10. Lòt mo vokabilè yo wap jwenn nan paj 14.*

Sa se yon **kabrit**.

Gen kabrit ki blan.

Gen kabrit ki mawon.

Kabrit renmen
manje **zèb**.

Gen kabrit ki fè **lèt**.

Tout kabrit renmen sote!

Lis Pawòl

Mo timoun rekonèt lè yo fèk kòmanse li

a
blan
fè
manje
mawon
sa
se
sote
tout
yon

Mo pouw Konnen

kabrit

lèt

zèb

25 mo

Sa se yon **kabrit**.

Gen kabrit ki blan.

Gen kabrit ki mawon.

Kabrit renmen manje **zèb**.

Gen kabrit ki fè **lèt**.

Tout kabrit renmen sote!

Zannimo Pak Yo

KABRIT

CRABTREE Publishing Company

Ekri pa: Amy Culliford
Ki fèt pa: Rhea Wallace
Devlopman Seri a pa: James Earley
Korektè: Kathy Middleton
Konsiltan Edikasyon: Christina Lemke M.Ed.
Tradui pa: Jean-Pierre Gaston

Photographs:
Shutterstock: fs24: cover (tl); Nataliia Melnychuk: cover (tr); oorka: cover (b); 2xSamara.com: p. 1; Khort Esther Tatiana: p. 3, 14; Anton Havelaar: p. 4; Gelphi: p. 7; Janis Petranis: p. 9, 14; DenysR: p. 10-11, 14; Grigorita Ko: p.13

Library and Archives Canada Cataloguing in Publication

CIP available at Library and Archives Canada

Library of Congress Cataloging-in-Publication Data

CIP available at Library of Congress

Crabtree Publishing Company
[illegible] 1-800-387-7650

Printed in Canada/052021/CPC

Pibliye Ozetazini
Crabtree Publishing
347 Fifth Avenue, Suite 1402-145
New York, NY, 10016

Pibliye nan Kanada
Crabtree Publishing
616 Welland Ave.
St. Catharines, Ontario L2M 5V6